Wege finden

Ethik in der Grundschule

1. Jahrgangsstufe

Autorenteam:
Evelyn Dienwiebel
Daniela Hertel
Sibylle Schönwald
Petra Steiniger-Bibic

Beratung:
Sabine Neugebauer
Katrin Träger

Ernst Klett Verlag
Stuttgart • Leipzig

Kapitel 1: Ich im Wir

Das bin ich

Ich heiße

1 Kreise ein, was du schon kannst.

auf einem Bein stehen

sich melden

schwimmen

lesen

Schuhe zubinden

Fußball spielen

Thema im Lehrplan: Kennen der eigenen Einmaligkeit
Lehrerhandbuch → Kapitel 1

2 Kreuze an. Ich bin ein:

☐ ☐

3 Male.

Meine Haarfarbe:

Meine Augenfarbe:

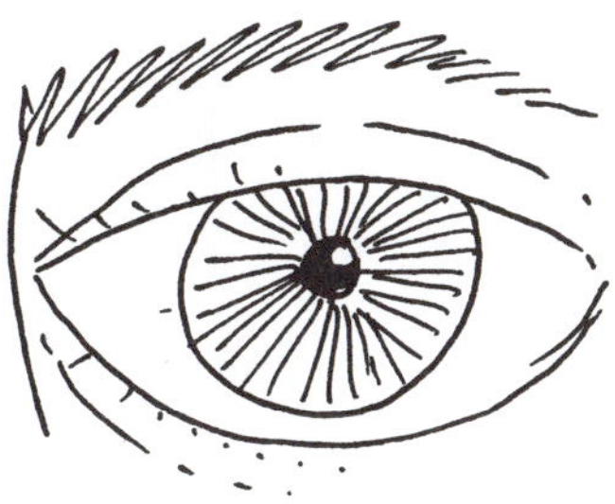

Ich bin jetzt ________ Jahre alt.

Thema im Lehrplan: Kennen der eigenen Einmaligkeit
Lehrerhandbuch → Kapitel 1

Kapitel 1: Ich im Wir

Das mache ich gern

1 Wie gerne machst du diese Dinge? Zeichne in die Kreise.

☺ Mache ich sehr gerne.
😐 Mache ich nicht so gerne.
☹ Mache ich gar nicht gerne.

im Sand buddeln

singen

mit Bausteinen spielen

einkaufen gehen

staubsaugen

am Computer spielen

2 Warum machst du einige Dinge gerne oder nicht gerne?
Tausche dich mit deinem Partner aus.

3 Führe deine Lieblingsbeschäftigung in einer Pantomime vor.
Benutze dabei keine Worte. Lass die anderen Kinder raten.

Thema im Lehrplan: Kennen der eigenen Einmaligkeit/Eigenheiten
Lehrerhandbuch → Kapitel 1

Ich bin kleingroß

Nina war ein kleines Mädchen. Aber sie wollte kein kleines Mädchen sein.
„Also bist du ein großes Mädchen?“, fragten die Leute.
„Auch nicht“, sagte Nina. „Ich bin beides: Ich bin kleingroß.“
Die Leute lachten dann. Aber für Nina war die Sache ganz einfach. Klein war sie immer, wenn sie etwas sollte, worauf sie gar keine Lust hatte. Zum Beispiel, wenn die Mutter sagte: „Aber Nina! Wie sieht denn deine Spielecke wieder aus? Du bist nun schon so ein großes Mädchen und immer noch so unordentlich. Jetzt räum aber ganz schnell auf.“
„Du lieber Himmel“, seufzte Nina dann. „Für Aufräumen bin ich noch viel zu klein.“
Gab es zum Mittagessen aber Kartoffelsuppe mit Würstchen, lag der Fall gerade umgekehrt. Nina guckte der Reihe nach in alle Teller und sagte dann empört: „Und ich krieg nur zwei, wo ich schon so groß bin?“
Denn Würstchen aß sie für ihr Leben gern.
Ein großes Mädchen war sie natürlich auch immer am Abend, wenn sie zu Bett gehen sollte: „Wo ich doch überhaupt noch nicht müde bin.“
Und ein ‚ganz kleines Mädchen‘ spielte sie, wenn Onkel Robby kam, der Nina huckepack durch die Wohnung tragen sollte. „Weil das doch so einen Spaß macht“, quietschte sie.

Marieluise Bernhard-von Luttitz

1. Wann will Nina klein sein?
Zeichne einen Punkt • unter das Bild.
Wann will Nina groß sein?
Zeichne einen langen Strich **I** unter das Bild.

2. Wann möchtest du lieber klein sein?
Wann möchtest du groß sein? Male.

3. Tauscht euch in der Klasse darüber aus, warum ihr manchmal groß und manchmal klein sein wollt.

Unsere Hände

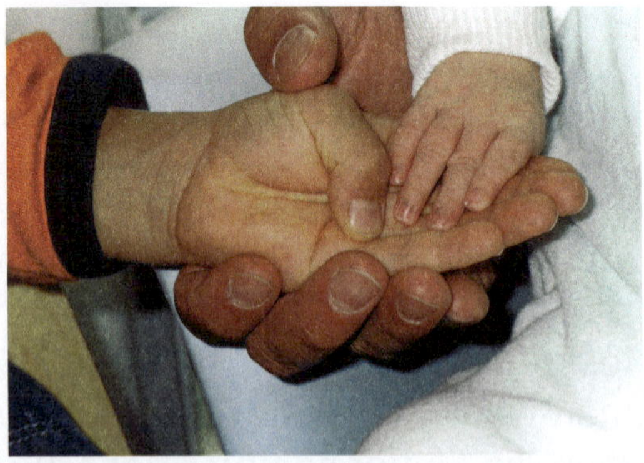

1 Lege deine Hand auf die freie Fläche auf der Seite und umfahre sie mit einem Buntstift.

2 Wähle ein Kind deiner Klasse aus.
Umfahre hier auch seine Hand. Wähle dazu eine andere Farbe.

3 Vergleicht eure Hände: Was ist gleich? Was ist verschieden?

Was Hände alles können

4 Was machen diese Hände? Was sagen sie dir?

5 Umrande Angenehmes mit einer hellen Farbe.
Umrande Unangenehmes mit Schwarz.

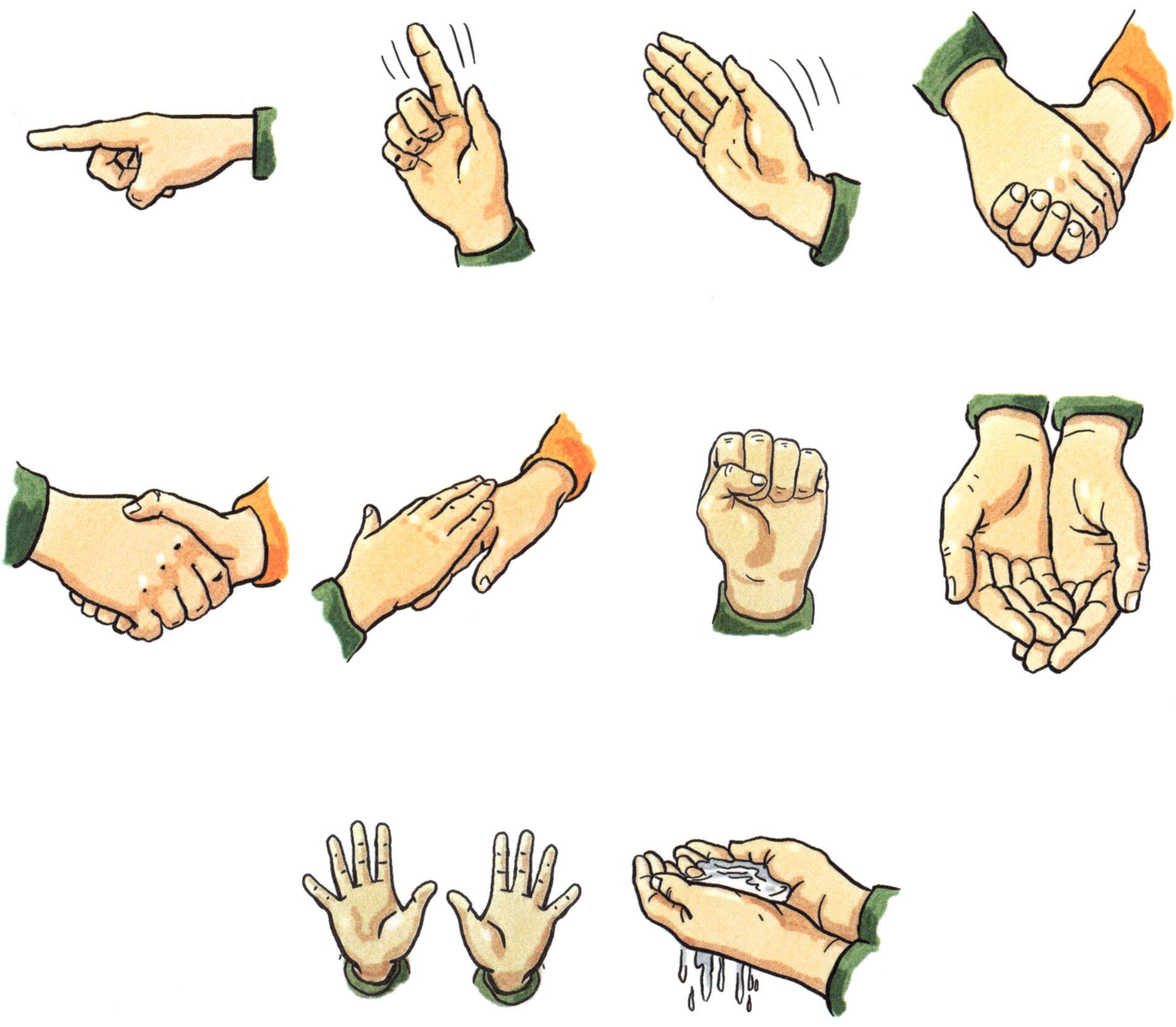

6 Findet weitere Beispiele:
Was können Hände alles machen oder „sagen“?

7 Können eure Hände ohne Stift schreiben? Versucht es und schreibt euch gegenseitig Buchstaben und Zahlen auf eure Rücken.

Thema im Lehrplan: Kennen der eigenen Einmaligkeit/Sich wahrnehmen
Lehrerhandbuch → Kapitel 1

Verschiedene Gefühle

Wenn du glücklich bist

Text und Musik: Gerhard Schöne

2. Wenn du wütend bist, dann stampfe mit dem Fuß. (2x)
   Zeig mir, wenn du bei mir bist, wie dir so zumute ist.
   Wenn du wütend bist, dann stampfe mit dem Fuß.

3. Wenn du traurig bist, dann seufze doch einmal. (2x)
   Zeig mir, wenn du bei mir bist, wie dir so zumute ist.
   Wenn du traurig bist, dann seufze doch einmal.

4. Und wenn du mich gern hast, gib mir einen Kuss. (2x)
   Zeig mir, wenn du bei mir bist, wie dir so zumute ist.
   Und wenn du mich gern hast, gib mir einen Kuss.

5. Wenn du bei mir bist, dann zeig mir, wie's dir geht. (2x)
   Zeig mir, wenn du bei mir bist, wie dir so zumute ist.
   Wenn du bei mir bist, dann zeig mir, wie's dir geht.

1 Stell weitere Gefühle pantomimisch dar. Benutze nur Gesicht und Körper, aber keine Worte oder Geräusche. Lass deine Mitschüler raten.

Thema im Lehrplan: Einblick gewinnen in eigene Eigenschaften und Gefühle
Lehrerhandbuch → Kapitel 1

2 Male Gesichter, die verschiedene Gefühle ausdrücken.

3 Lass deinen Nachbarn raten, welche Gefühle du gemalt hast.

4 Welche Gesichter zeigen angenehme Gefühle?
Gib diesen Köpfen eine Haarfarbe .

Jeder kann etwas

1 Erzählt mit den Bildern das Märchen der Bremer Stadtmusikanten nach.

2 Warum wollten die vier Tiere Stadtmusikanten werden?

3 Wie haben die Tiere die Räuber mitten in der Nacht verjagt? Verbinde.

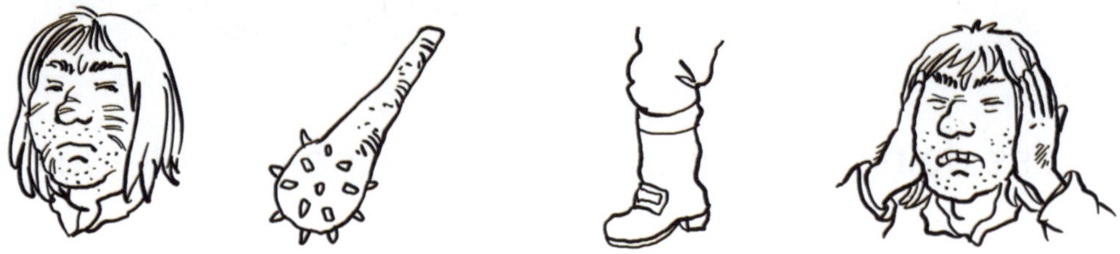

4 Warum konnten die Bremer Stadtmusikanten die Räuber verjagen? Was konnten sie gut?

Thema im Lehrplan: Sich positionieren zu Eigenschaften
Lehrerhandbuch → Kapitel 1

5 Was kannst du besonders gut? Male es auf.

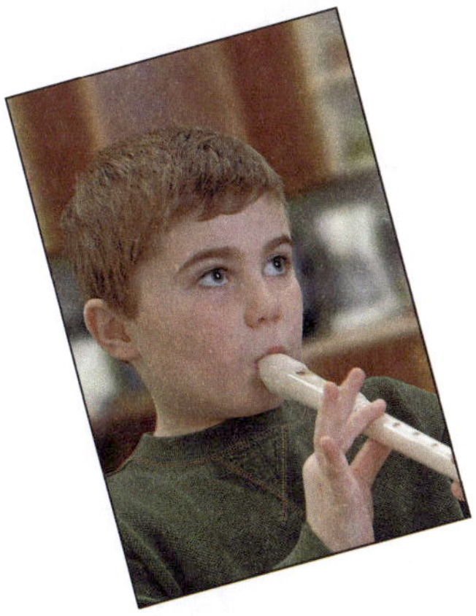

6 Erzähle darüber, was du besonders gut kannst oder führe es vor.

7 Jonas glaubt, er könne überhaupt nichts besonders gut. Stimmt das? Wie würdest du ihm helfen?

8 Können Erwachsene alles besonders gut?

Thema im Lehrplan: Sich positionieren zu Eigenschaften
Lehrerhandbuch → Kapitel 1

Kapitel 1: Ich-Seite

Ein Foto von mir:

Das mag ich sehr:

Das mag ich gar nicht:

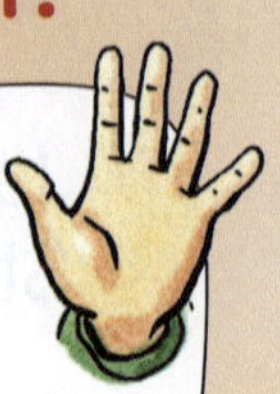

Meine Lieblingsfarben:

Mein Lieblings...:

Kapitel 2: Miteinander

Familien sind verschieden

1 Welche verschiedenen Familien erkennst du in diesen Bildern?

2 Kennt ihr noch andere Familien?
Tauscht euch in der Klasse darüber aus.

Thema im Lehrplan: Familien
Lehrerhandbuch → Kapitel 2

Meine Familie und ich

3 Male dich selbst in den Spiegel.

4 Wer gehört zu deiner Familie?
Male alle um den Spiegel herum.

5 Wer ist dir besonders wichtig? Erzähle es deinem Nachbarn.
Begründe.

6 Bastle ein kleines Buch über deine Familie.
Schneide dafür die Vorlage auf der Materialseite (Seite 51) aus. Falte das Buch nach der Anleitung zusammen.

7 Wozu brauchen wir eine Familie?

Sich sicher fühlen

1 Was heißt für dich Geborgenheit?

2 Wo könnte sich der kleine Bär geborgen fühlen?
Kreuze an und begründe.

☐

☐

☐

☐

☐

☐

3 Male in beide Felder ein passendes Bild.
Gestalte den einen Rahmen mit Farben der Geborgenheit.
Gestalte den anderen Rahmen mit Farben der Einsamkeit.

Hier fühle ich mich wohl:

Hier fühle ich mich *nicht* wohl:

Thema im Lehrplan: Gemeinschaft und soziale Beziehungen/Geborgenheit
Lehrerhandbuch → Kapitel 2

Sich aufeinander verlassen können

❶ Schaut euch die Bilder an. Tauscht euch in der Klasse darüber aus, was passiert ist.

1.

2.

3.

Am nächsten Tag

4.

❷ Stell dir vor, du bist Max. Du sollst ohne Lineal ein Haus ganz gerade zeichnen. Wie sieht das Haus aus? Male.

❸ Spielt die Geschichte im Rollenspiel nach. Wie fühlt sich Max?

❹ Was wünscht er sich von Lea?

❺ Warum ist es wichtig, sich auf andere verlassen zu können?

Thema im Lehrplan: Gemeinschaft und soziale Beziehungen/Verlässlichkeit
Lehrerhandbuch → Kapitel 2

In der Schule

Der erste Schultag

1. Erinnere dich an deinen ersten Schultag.
Was hat dir gut gefallen? Was war schwierig?

2. Schneide die Bilder auf der Materialseite (Seite 53) aus.
Klebe sie hier in die Fenster. Male in die zwei freien
Fenster hinein, was für dich sonst noch zur Schule gehört.

Thema im Lehrplan: Schule
Lehrerhandbuch → Kapitel 2

Lernen macht Spaß

3 Was kann man in der Schule lernen?

4 Wie kann man miteinander besonders gut lernen?
Stellt es zu zweit dar.

5 Wo lernst du am liebsten? Male es auf. Begründe.

6 Dein Mitschüler kann eine Aufgabe nicht lösen. Wie kannst du ihm helfen? Tauscht euch in der Klasse darüber aus.

7 Lernen Menschen ihr ganzes Leben lang? Begründe.

Thema im Lehrplan: Schule/Lerngemeinschaft
Lehrerhandbuch → Kapitel 2

Die Streithasen

1 Schneide die Bilder auf der Materialseite (Seite 53) aus.
Klebe sie in einer sinnvollen Reihenfolge in die Felder.
Erzähle die Geschichte.

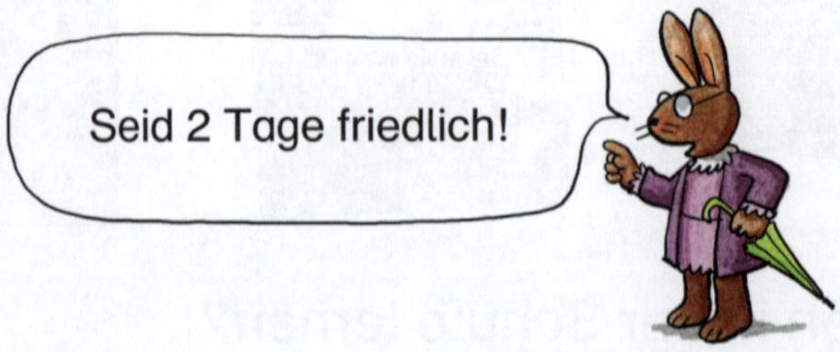

1. Tag

2. Tag

3. Tag

2 Welches größere Geschenk meint Oma?

3 Wieso kommt es beim Spielen oft zu einem Streit?

4 Kann man einen Streit vermeiden? Wie?

Thema im Lehrplan: Streiten (Wahrnehmung/Empathie)
Lehrerhandbuch → Kapitel 2

Jeder braucht einmal Hilfe

1. Manchmal kommen wir alleine nicht weiter und brauchen Hilfe. Stellt die Bilder in der Gruppe nach.

2. Male oder schreibe in das leere Feld, wen du um Hilfe bitten könntest.

Thema im Lehrplan: Helfen (Wahrnehmung/Empathie)
Lehrerhandbuch → Kapitel 2

Regeln und Ordnung helfen

1. Was ist richtig? Was ist falsch?
   Zieh die Linien zu den Daumen mit einem Buntstift nach.
   Verbinde auch die anderen Bilder mit dem richtigen Feld.

2. Sprecht über die Regeln.

3. Wie gehen wir friedlich miteinander um?
   Was brauchen wir dafür?

4. Welche Gesprächsregeln erkennst du in diesen Bildern?

5. Stellt die Regeln von Seite 64 in einer Pantomime dar.

6. Stell dir vor, es gäbe keine Gesprächsregeln.
   Was würde passieren?

Freude am Erfolg

1 Schau dir die Bilder an. Male den Kindern Gesichter.

2 Wie fühlst du dich, wenn du an dich glaubst? Beschreibe.

3 Wie fühlst du dich, wenn du an dir zweifelst? Beschreibe.

4 Hast du schon einmal etwas geschafft und dich darüber besonders gefreut?

5 Male mit deinem Partner ein gemeinsames Bild.

6 Was ist euch gut gelungen?

Kapitel 2: Ich-Seite

Das mag ich besonders an meiner Familie:

An diesem Ort fühle ich mich wohl:

Das gefällt mir an meiner Schule:

So lernen wir miteinander:

Kapitel 3: Voneinander

Erntedankfest

1 Singt gemeinsam das Lied zum Erntedankfest.

Danke für die schöne Welt

Kinderlied aus England

2 Betrachtet die Bilder. Warum feiern wir das Erntedankfest? Tauscht euch in der Klasse darüber aus.

❸ Schneide ✂ das Obst, das Gemüse und das Getreide auf der Materialseite (Seite 55) aus.
Klebe sie hier auf den Korb.
Male weitere Früchte unter den Korb.

Advent

1 In diesem Adventskalender fehlen noch Türchen. Schneide die Bilder auf der Materialseite (Seite 57) aus. Klebe sie hier in die Fenster. Schneide dann auf Seite 57 die Türchen aus und klebe sie hier auf die Klebeflächen. Nun kannst du an den entsprechenden Tagen die Türchen aufklappen.

Weihnachten ist nicht mehr weit

Dicke rote Kerzen, Tannenzweigenduft,
und ein Hauch von Heimlichkeiten liegt jetzt in der Luft.
Und das Herz wird weit. Macht euch jetzt bereit:
Bis Weihnachten, bis Weihnachten ist's nicht mehr weit.

Schneidern, Hämmern, Basteln überall im Haus.
Man begegnet hin und wieder schon dem Nikolaus.
Ja, ihr wisst Bescheid! Macht euch jetzt bereit:
Bis Weihnachten, bis Weihnachten ist's nicht mehr weit.

Rolf Krenzer

2 Male das Mandala farbig aus.

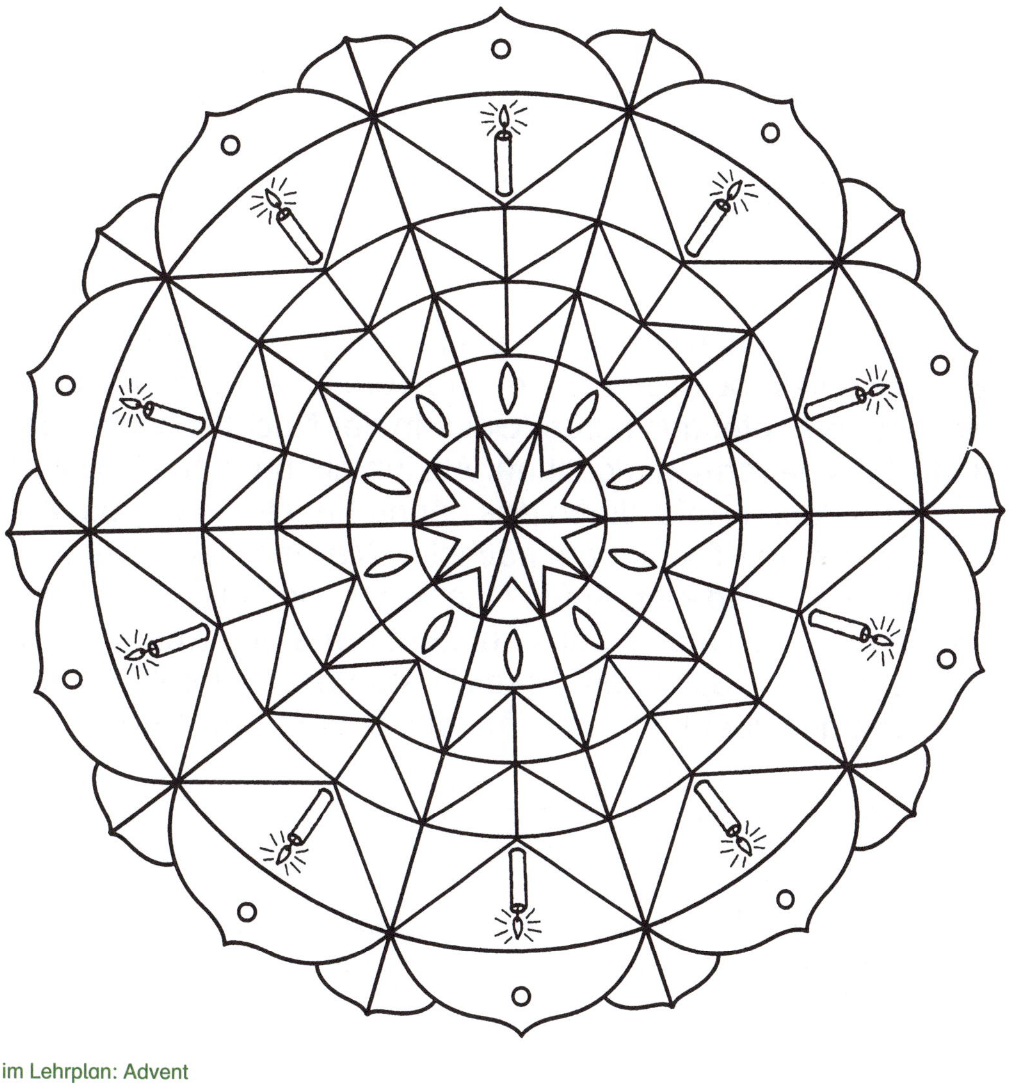

Nikolaus

1 Wann bekommen die Kinder etwas in den Nikolausstiefel? Erzähle über deine Erlebnisse am Nikolaustag.

Die Legende von den drei Mädchen

Vor vielen Hundert Jahren lebte in der Stadt Myra ein Mann, der hieß Nikolaus. Er war ein Bischof und wollte den Menschen helfen.

Eines Abends ging er über den Marktplatz von Patara. In einer Nebenstraße wohnte ein Mann mit seinen drei Töchtern. Als Nikolaus gerade am Fenster vorbeiging, hörte er den Vater sagen: „Ich weiß nicht mehr ein noch aus. Wir haben kein Geld mehr, um Essen und etwas zum Anziehen zu kaufen. Morgen früh werde ich euch in die Stadt bringen und ihr müsst betteln gehen. Vielleicht findet ihr in einem Wirtshaus oder im Hafen Arbeit.“
Die Mädchen begannen, laut zu weinen. Doch der Vater sagte: „Es hilft alles nichts, es bleibt bei dem, was ich gesagt habe.“

Als Sankt Nikolaus das hörte, ging er eilig nach Hause. Er nahm aus einer Schatztruhe seiner Eltern, die bereits gestorben waren, drei dicke runde Äpfel aus purem Gold. In der Nacht schlich er sich zu dem Haus der armen Mädchen. Als ihn niemand beobachtete, warf er die goldenen Äpfel durch das offene Fenster ins Haus. Als der Vater seine drei Töchter am nächsten Morgen wecken wollte, entdeckte er die goldenen Äpfel. Nun waren sie gerettet und außer sich vor Freude. Sie liefen hinaus auf die Straße und wollten sich bei dem bedanken, der ihnen dieses kostbare Geschenk gemacht hatte. Der Nikolaus aber hatte sich längst aus dem Staub gemacht.

2 Was ist das Besondere an der Geschichte? Tauscht euch in der Klasse darüber aus.

Thema im Lehrplan: Nikolaus
Lehrerhandbuch → Kapitel 3

Weihnachtswünsche

1 Male deine Weihnachtswünsche in die Päckchen.

2 Welche Wünsche sind dir besonders wichtig?

Mein Geburtstag

1 Male Kerzen für deinen Geburtstag in den Kranz.
Wie viele Kerzen hast du gezeichnet? Warum?

2 Was ist dir an deinem Geburtstag wichtig?
Male es auf.

3 Wen möchtest du gerne zu deinem Geburtstag einladen?
Schreibe die Namen der Kinder auf die Namenskärtchen.
Bemale die Kärtchen.

4 Stell dir vor, du wartest am gedeckten Geburtstagstisch und deine Gäste kommen nicht. Wie fühlst du dich?

Thema im Lehrplan: Geburtstag/Persönliche Feste
Lehrerhandbuch → Kapitel 3

Feste im Jahr

1 Klebe immer das passende Ausschneidebild auf, wenn ihr in einem Monat über ein bestimmtes Fest sprecht.
Die Bilder findest du auf der Materialseite (Seite 59).

Januar		Juli	
Februar		August	
März		September	
April		Oktober	
Mai		November	
Juni		Dezember	

2 In manchen Monaten gibt es keine Feste. Trotzdem erleben wir schöne Dinge. Male Bilder zu besonders schönen Erlebnissen in diesen Monaten.

Thema im Lehrplan: Feste im Jahreskreis
Lehrerhandbuch → Kapitel 3

Ostern

1 Male in dem Suchbild alles farbig aus, was mit dem Osterfest zu tun hat.

2 Warum gehören diese Dinge zum Osterfest? Tauscht euch in der Klasse darüber aus.

3 Male das Ei auf der Materialseite (Seite 55) bunt an. Schneide es aus und klebe es hier auf. Jetzt kannst du dein Oster-Überraschungsei auf- und zuklappen. Welche Überraschung steckt in deinem Ei?

Oster-Akrostichon

O – O, für bunte Ostereier.

S – Süßigkeiten, Suche, Feier.

T – Treffen im Familienkreis.

E – Endlich Frühling, weg das Eis.

R – Reges Treiben jetzt erwacht.

N – Neue Farben – Frühlingspracht.

Regina Kaute

4 Fällt dir zu den Buchstaben auch etwas ein?
Du kannst es malen oder auch schreiben.

O

S

T

E

R

N

Thema im Lehrplan: Ostern
Lehrerhandbuch → Kapitel 3

Das möchte ich mir aus diesem Kapitel unbedingt merken:

Dieses Fest feiere ich besonders gern:

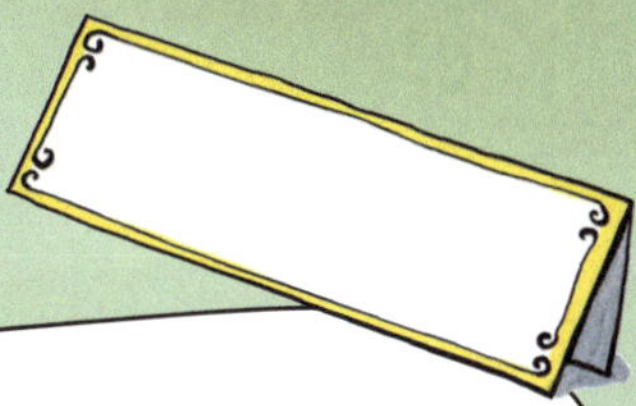

Diese Gäste möchte ich zu meinen Festen gerne einladen:

Ich erfinde ein neues Fest. Es heißt:

Diese Dinge benötige ich für mein Fest:

Unsere Welt zum Staunen

1 Male das Bild zum Staunen weiter. Findikus hilft dir dabei.

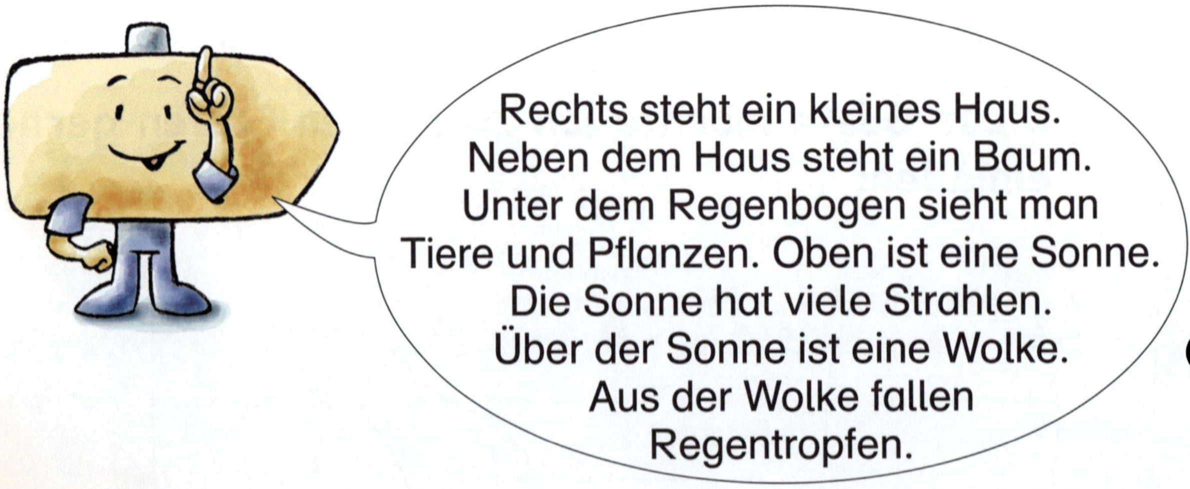

2 Worüber staunst du?

3 Warum kann man über diese Dinge staunen? Begründe.

Regenbogen: ______________________________

____

Sonne: ______________________________

____

Wasser: ______________________________

____

Eiskristalle

4 Male den Eiskristall fertig.

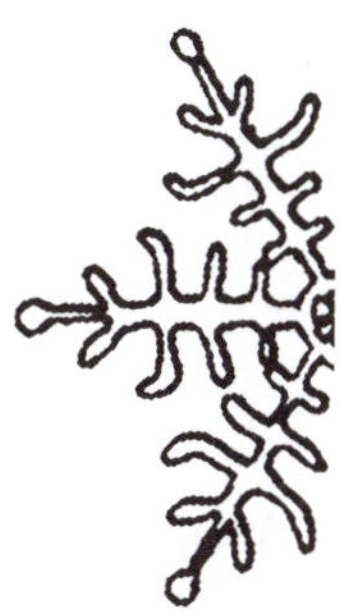

5 Bringt Bilder von Eiskristallen mit und vergleicht sie. Was fällt euch auf?

Thema im Lehrplan: Einblicke gewinnen in Schönheit und Wunder der Natur
Lehrerhandbuch → Kapitel 4

Sonne, Mond und Sterne

1 Wer denkt hier was?
Verbinde jede Strophe mit dem richtigen Bild.

Liebe Sonne, wie ich dich mag,
ich warte auf dich jeden Tag.
Erstrahlst du in vollem Glanz,
öffne ich mich dir gleich ganz.

Heller Mond, wie lieb ich dich,
nachts leuchtest du oft für mich!
Und dann heul ich dich laut an,
weil ich schlecht allein sein kann.

Sonne, Mond und Sterne
wie hab ich euch gerne.
Ohne euch gäb' es kein Leben.
Licht und Wärme brauch ich eben.

In diesem Buch fliegt ein kleiner Prinz
von Planet zu Planet.
Sein Planet ist sehr klein.
Es gibt dort eine schöne Rose.
Der Prinz liebt sie sehr.

2 Stell dir vor, dein Zuhause wäre ein anderer Stern.
Wie wäre das Leben dort?

3 Male ein Bild dazu.

Thema im Lehrplan: Einblick gewinnen in Schönheit und Wunder der Natur
Lehrerhandbuch → Kapitel 4

Wunder der Natur

1 Was bringt dich auf diesen Bildern zum Staunen?

Es gibt kleine Tiere, die große „Meister“ sind.

- Sie können Leder durchbeißen.
- Ihr Bau ist unter der Erde bis zu 2 Meter tief.
- Sie können das 100-fache ihres eigenen Gewichts tragen.

2 Welches Tier oder welche Pflanze bringt dich besonders zum Staunen? Erzähle deinem Partner davon.

Thema im Lehrplan: Einblick gewinnen in Schönheit und Wunder der Natur
Lehrerhandbuch → Kapitel 4

Tiere und Pflanzen

1 Löse das Rätsel. Schreibe immer den ersten Buchstaben des Tieres unter das Kästchen.

____ ____ ____ ____ ____

2 Suche dir ein Tier aus und stelle es pantomimisch dar. Lass deinen Partner raten, welches es ist.

3 Suche dir ein Tier oder eine Pflanze aus. Fülle die Felder mit dem, was sie zum Leben brauchen. Schreibe und male.

Mein Tier/meine Pflanze ist ein/eine ________________.
Es/Sie braucht zum Leben

4 Hast du ein Haustier, das du besonders magst oder hast du eine Pflanze, die du besonders magst? Erzähle deinem Partner davon.

5 Wie pflegst du deinen Liebling?

Lebenskreisläufe

6 Schneide die Bilder auf der Materialseite (Seite 59) aus. Klebe sie in der passenden Reihenfolge in die Felder.

Tiere	Pflanzen

7 Tiere und Pflanzen wachsen. Was verändert sich dabei?

8 Welche Gemeinsamkeiten und Unterschiede gibt es im Leben von Katze und Sonnenblume? Tauscht euch in der Klasse darüber aus.

Thema im Lehrplan: Kennen der Natur (Lebenskreisläufe)
Lehrerhandbuch → Kapitel 4

Die rote Blume

1. Warum endet die Geschichte so?
   Tauscht euch in der Klasse darüber aus.

2. Wie hättest du die rote Blume gepflegt?

Thema im Lehrplan: Sich positionieren zum Umgang mit der Natur
Lehrerhandbuch → Kapitel 4

Franz von Assisi und die Tiere

Franz von Assisi liebte die Natur.
Er schützte Pflanzen und Tiere, wo er nur konnte.
Er sprach sogar gerne mit ihnen.
Als er einmal an einem See saß,
bekam er einen Fisch geschenkt.
Franz bedankte sich für den Fisch.
Schnell ließ er ihn aber wieder ins Wasser zurück
und rettete damit das Leben des Fisches.
Wenn es im Winter sehr kalt war,
gab er den Bienen Honig,
damit sie nicht zu sehr leiden mussten.
Von der Straße hob er Würmer und Käfer auf,
damit sie dort niemand zertrampelte.
Immer und überall sorgte sich Franz um die Natur.
Er glaubte fest daran, dass es so richtig war,
obwohl viele Menschen ihn für verrückt hielten.

1. Welche Tiere hat Franz von Assisi gerettet?
   Male ein Bild zum Text.

2. Spielt die Geschichte im Rollenspiel nach.

3. Welches Tier oder welche Pflanze möchtest du beschützen?

Thema im Lehrplan: Sich positionieren zum Umgang mit der Natur
Lehrerhandbuch → Kapitel 4

Was zur Natur gehört

1. Was gehört alles zur Natur?
   Führt eine Blitzlichtrunde in der Klasse durch.

2. Male ein Bild mit allem, was zur Natur gehört.

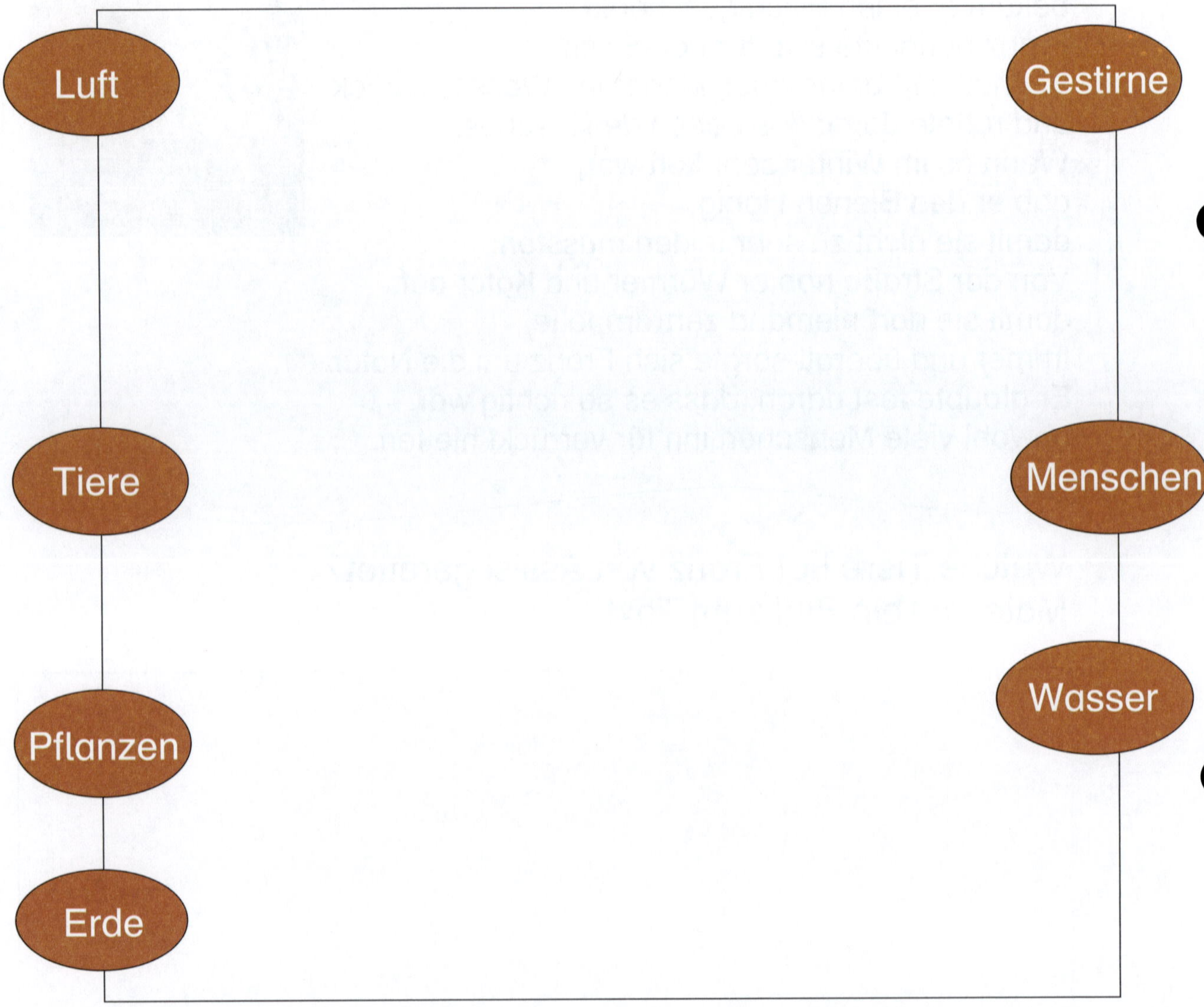

3. Brauchen die Menschen die Natur? Begründe.

Thema im Lehrplan: Sich positionieren zum Umgang mit der Natur
Lehrerhandbuch → Kapitel 4

Unsere Natur ist bedroht

1 Was bedroht hier die Natur? Tauscht euch darüber aus.

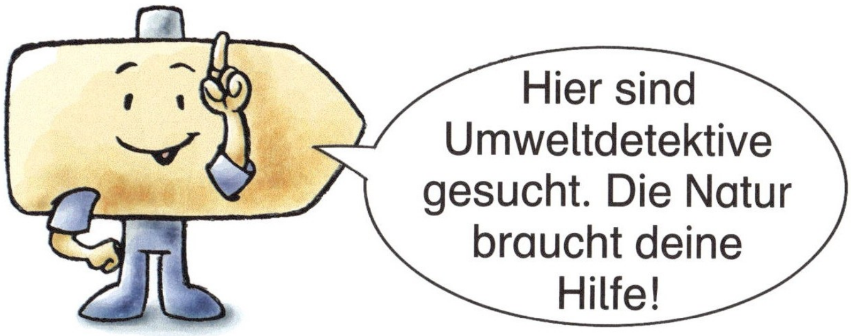

2 Was kannst du tun?

Ich kann die Natur ____ ____ ____ ____ ____ ____ ____ ____

3 Was kannst du selbst schon heute für den Umweltschutz tun? Gib mehrere Beispiele an.

4 Stell dir vor, du wärst ein Schutzengel. Was würdest du in der Natur besonders beschützen?

Hier ist ein Bild von meinem Lieblingstier/
meiner Lieblingspflanze:

Das möchte ich für die Umwelt tun:

Dieses Bild zeigt meine Umwelt:

Das denke ich über den Umweltschutz:

Auf so einem Stern würde ich gerne leben:

Materialseiten

Anhang

Auf den Materialseiten findest du
verschiedene Texte und Bilder
zum Basteln, Ausmalen und Spielen.

Im blauen Glossar findest du die Erklärung
von schwierigen Begriffen.
Außerdem findest du dort viele interessante Informationen.

Im gelben Glossar findest du Anleitungen
für verschiedene Arbeitstechniken,
mit denen das Lernen noch mehr Spaß macht.

Seite 15: Meine Familie und ich

6 Bastle ein kleines Buch über deine Familie. Schneide die Vorlage aus. Falte das Buch nach der Anleitung zusammen.

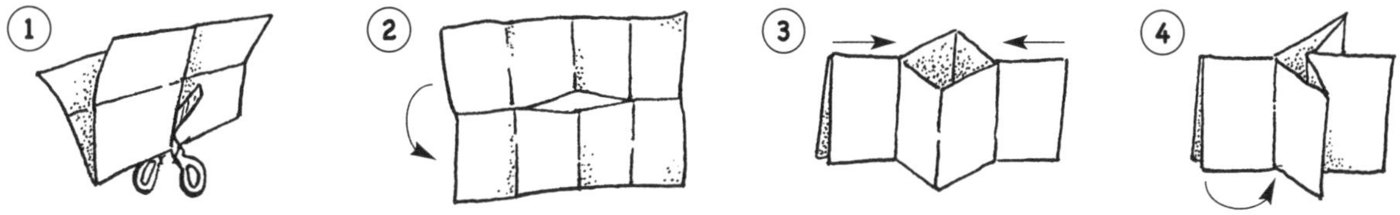

Das wünsche ich mir für meine Familie	Das Leben in meiner Familie Mein Name: ______
Das war das schönste Erlebnis mit meiner Familie	Meine Familien-mitglieder
Das sind meine Aufgaben in der Familie	Hier sind wir gern
Das finde ich in meiner Familie nicht gut	Das mag ich in meiner Familie

Seite 18: Der erste Schultag

2 Schneide die vier Bilder aus.
Klebe sie in die Fenster auf Seite 18.

Seite 20: Die Streithasen

1 Schneide die vier Bilder aus. Klebe sie in einer sinnvollen Reihenfolge in die freien Felder auf Seite 20.

Seite 27: Erntedankfest

3 Schneide das Obst, das Gemüse und das Getreide aus.
Klebe sie auf den Korb auf Seite 27.

Seite 34: Ostern

3 Male das Ei bunt an und schneide es aus. Knicke es an der dicken schwarzen Linie nach oben. Klebe den grünen Bereich auf die Klebefläche auf Seite 34, sodass du das Ei auf- und zuklappen kannst.

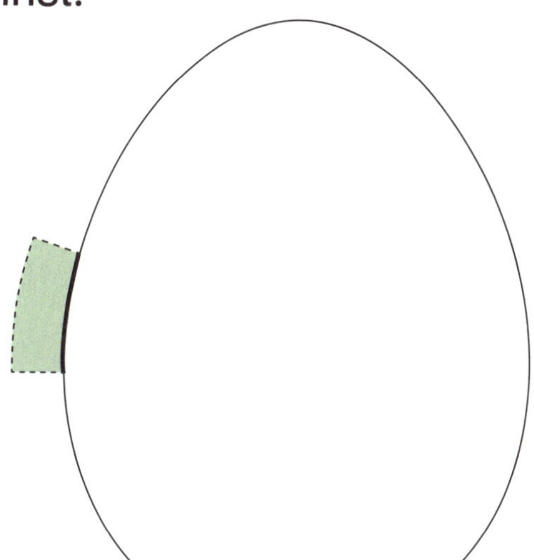

Seite 28: Advent

1 Schneide die fünf Bilder ohne Klebefläche aus.
Klebe sie in die Fenster auf Seite 28.
Schneide dann hier die Türchen mit Klebefläche aus.
Knicke diese Türchen an der dicken schwarzen Linie nach oben. Klebe den grünen Bereich auf die Klebeflächen auf Seite 28, sodass du die Türchen auf- und zuklappen kannst.

Bilder

Türchen

1

6

14

23

24

Seite 33: Feste im Jahr

1 Schneide die Bilder aus.
Klebe sie zum passenden Monat auf Seite 33.

Seite 43: Lebenskreisläufe

6 Schneide die Bilder aus. Klebe sie in der passenden Reihenfolge in die Felder auf Seite 43.

Blaues Glossar: Begriffe

Advent:

Die vier Wochen vor Weihnachten nennt man Advent. Der Advent endet am Heiligen Abend. Advent bedeutet „Ankunft". Am Heiligen Abend wird die Ankunft des Christuskindes gefeiert.
Viele Menschen haben einen Adventskranz mit vier Kerzen. Sie zünden an jedem Adventssonntag vor Weihnachten eine weitere Kerze an.

Erntedankfest:

Das Erntedankfest ist ein Fest nach der Ernte im Herbst. Die Menschen bedanken sich bei Gott für die geernteten Gaben, zum Beispiel Obst oder Getreide. Das Fest findet am ersten Sonntag im Oktober statt oder am Sonntag nach dem Michaelistag (29. September).

Ethik:
Die Ethik ist die Lehre vom guten Leben und Handeln. Jeder Mensch ist verantwortlich für sein Handeln. Im Ethik-Unterricht denkt man zum Beispiel in der Klasse gemeinsam darüber nach, wie man handeln sollte, um ein gutes Leben zu führen.

Geborgenheit:
Geborgenheit ist ein Gefühl der Sicherheit, des Vertrauens und des Friedens.

Nikolaus:

Ursprünglich ist der Nikolaustag ein Tag zu Ehren des heiligen Nikolaus (Bischof von Myra). Dieser starb am 6. Dezember 345. Heute sind mit dem Nikolaustag viele Bräuche verbunden. Kinder stellen zum Beispiel am Abend vor dem Nikolaustag Schuhe bereit oder hängen Strümpfe auf, damit der Nikolaus ihnen Süßigkeiten oder kleine Geschenke hineinpackt.

Planet:

Ein Planet ist ein runder Himmelskörper. Er dreht sich um die Sonne. In unserem Sonnensystem gibt es die Planeten Merkur, Venus, Erde, Mars, Jupiter, Saturn, Uranus und Neptun.

Sonne:

Die Sonne ist der einzige Stern in unserem Sonnensystem. Sie ist eine riesige Kugel aus glühendem Gas. Die Erde bekommt von der Sonne Licht und Wärme. Ohne die Sonne gäbe es kein Leben auf der Erde.

Gelbes Glossar: Arbeitstechniken

Pantomime

1. Überlege, was du darstellen möchtest:
   eine Szene, ein Gefühl, eine Tätigkeit …

2. Überlege, welche Gestik und Mimik dazu passen.

3. Übe vor einem Spiegel oder mit einem Partner.
   Tauscht euch aus und gebt euch Tipps.
   Achtet auf große und ruhige Bewegungen.

4. Führe deine Pantomime langsam und deutlich
   deinem Publikum vor.

Blitzlichtrunde

1. Ein Thema wird genannt, zum Beispiel „Wünsche“.

2. Sagt nacheinander spontan und ohne lange nachzudenken („so schnell wie ein Blitzlicht“), was euch zu diesem Thema einfällt. Das kann ein Wort oder ein Satz sein.

3. Ihr könnt eure Ideen sofort oder nachher aufschreiben. Damit man alle Ideen gleichzeitig sehen kann, könnt ihr sie zum Beispiel an die Tafel oder an die Pinnwand heften.

Gelbes Glossar: Arbeitstechniken

Akrostichon

1. Überlege dir ein Wort. Das ist das Thema des Akrostichons.

2. Schreibe die Buchstaben des Wortes senkrecht untereinander auf.

3. Jeder Buchstabe soll der Anfang eines neuen Wortes sein. Schreibe zu jedem Buchstaben waagerecht ein neues Wort auf. Diese neuen Wörter sollen zum Thema passen.

Beispiel:

F reunde
E is
R eise
I mmer (schön)
k**E** ine Schule
e**N** dlich faulenzen

Zwei kleine Tipps:

- Es muss nicht immer der Anfangsbuchstabe sein.
- Du kannst auch mal zwei Worte in eine Zeile schreiben.

Rollenspiel/Szenisches Gestalten

1. Lest den Text. Was habt ihr erfahren?

2. Überlegt, wie viele Personen ihr zum Vorspielen braucht. Entscheidet, wer welche Rolle übernimmt.

3. Spielt die Geschichte vor. Ihr könnt den Wortlaut aus dem Text benutzen oder mit eigenen Worten spielen. Versucht, beim Sprechen auch die Gefühle auszudrücken.

Gesprächsregeln

1. Wenn wir miteinander sprechen, sehen wir uns an.
2. Wir hören dem anderen aufmerksam zu. Wir fragen nach, wenn wir etwas nicht verstanden haben.
3. Wenn wir etwas sagen wollen, melden wir uns.

4. Wenn jemand spricht, sind wir leise und lassen ihn ausreden.
5. Wir sprechen laut und deutlich. Wir überlegen uns unsere Wortwahl.
6. Jeder darf sagen, was er denkt. Niemand wird wegen seiner Äußerung ausgelacht.